FÉDÉRATION DES TRAVAILLEURS SOCIALISTES
DE FRANCE

COMPTE RENDU

DU

7e CONGRÈS NATIONAL

TENU A PARIS

Du 30 Septembre au 7 Octobre 1883

PUBLIÉ PAR

LE COMITÉ NATIONAL

DEUXIÈME ÉDITION

PRIX : 30 centimes

EN VENTE A PARIS

Chez tous les Libraires

AUX BUREAUX DU *PROLÉTAIRE*

47, Rue de Cléry, 47

1883

Fédération des Travailleurs Socialistes

DE FRANCE

COMPTE RENDU

DU

7ᴱ CONGRÈS NATIONAL

FÉDÉRATION DES TRAVAILLEURS SOCIALISTES
DE FRANCE

COMPTE RENDU

DU

7ᵉ CONGRÈS NATIONAL

TENU A PARIS

Du 30 Septembre au 7 Octobre 1883

PUBLIÉ PAR

LE COMITÉ NATIONAL

DEUXIÈME ÉDITION

PRIX : 30 centimes

EN VENTE A PARIS

Chez tous les Libraires

ET AUX BUREAUX DU *PROLÉTAIRE*

47, Rue de Cléry, 47

1883

AVIS IMPORTANT

Le Congrès a décidé la publication immédiate de la partie du Compte rendu concernant ses RÉSOLUTIONS, *et a donné mandat au Comité national d'ouvrir une souscription pour subvenir aux frais de la publication* in extenso.

Aujourd'hui, le Comité national publie la liste des Délégués, les Résolutions du Congrès et le Règlement du Parti. Il fera paraître le Compte rendu complet dès que le résultat de la souscription qu'il va ouvrir le permettra.

LISTE

DES

DÉLÉGUÉS AU SEPTIÈME CONGRÈS NATIONAL

ET GROUPES PAR EUX REPRÉSENTÉS

ADÉ, Chambre syndicale des chaisiers de Paris.

ALLEMANE (CHARLES), Union syndicale et mutuelle de Blois.

ALLEMANE (JEAN), Union des Travailleurs (*le Prolétaire*); Chambre syndicale des mouleurs et modeleurs du canton de Saint-Chamond; Fédération des Chambres syndicales ouvrières de Grenoble; Cercle typographique d'Etudes sociales de Paris.

ANDRÉ, Cercle du dix-septième arrondissement de Paris.

ANDRÉ GÉLY, Cercle révolutionnaire du Gard (Paris).

ANDRIEUX, Chambre syndicale des serruriers en voitures, de Paris.

AUBERT, Cercle du Parti ouvrier du vingtième arrondissement de Paris ; Chambre syndicale sociale et solidaire de Niort.

AVELINE, L'Union des Travailleurs (*le Prolétaire*); Chambre syndicale des travailleurs de Rochefort-sur-Mer.

BALARD, Union des syndicats ouvriers de Toulouse.

BALIN (Louis), Union fédérative du Centre ; Chambre syndicale ouvrière de tous corps d'état d'Arles; Chambre syndicale des mineurs du bassin de Brassac; Union des Chambres syndicales ouvrières du Mans.

BARBAN, Union des ouvriers peintres en bâtiments de Paris.

BARIOL, Groupe républicain d'Etudes sociales de Manosque (Basses-Alpes),

BARTHOMEUF, Union syndicale du cartonnage de Paris.

BÉRARD, Chambre syndicale des forgerons-frappeurs de Paris.

BERQUIER, Chambre syndicale des céramistes de Paris.

BERTHAULD, Union des teinturiers-apprêteurs-dégorgeurs de Puteaux.

BERTON, Cercle des ouvriers socialistes du quartier Marguerite, de Paris.

BIEBER, Athées socialistes du treizième arrondissement et Gentilly (Seine).

BILLOTTE, Chambre syndicale des marbriers, de Paris.

BLANC, Cercle d'Etudes sociales de Chatellerault.

BLANCHARD, Union des mécaniciens de la Seine (18ᵉ section).

BLONDEAU, Chambre syndicale des charrons, de Paris.

BOEL, Chambre syndicale des ouvriers du meuble sculpté de Paris.

BOISSON, Cercle d'Etudes sociales du treizième arrondissement (Paris).

BONNET, Chambre syndicale des coupeurs-tailleurs ,de Paris.

BRÉBANT, Chambre syndicale des tourneurs en optique, de Paris.

BRILLET, Chambre syndicale des ouvriers mécaniciens, d'Angers.

BROUSSE (Paul), Bibliothèque socialiste du Parti (Paris); Syndicat des instituteurs libres (Paris); Groupe du Parti ouvrier de Montpellier.

CADY, Chambre syndicale des sculpteurs, de Paris.

CHABAUT, Chambre syndicale des ébénistes, de Paris.

CHABERT, Cercle des ouvriers socialistes du quartier Ambroise (Paris); Cercle d'Etudes sociales de Perpignan; cercle des travailleurs réunis d'Albi.

GATTEL, Libre-pensée socialiste du dix-neuvième arrondissement de Paris.

COLOMBEAU, Syndicat de la cordonnerie, de Paris.

CORSIN (Augustin), Cercle du quartier Folie-Méricourt de Paris.

COUPAT, Union fédérative de l'Est; Union des travailleurs de Rive-de-Gier; Chambre syndicale des travailleurs réunis, de Vienne; Chambre syndicale des métallurgistes, de Saint-Etienne.

DALHEM (Louis), Chambre syndicale des ouvriers du métal blanc, de Paris.

DALLE (Victor), Section du Parti ouvrier du quinzième arrondissement (Paris); Fédération des Sociétés ouvrières, de Rennes.

DAUTRY, Chambre syndicale des facteurs d'orgues et pianos, de Paris.

DECALOGNE, Cercle de Plaisance (Seine).

DELAVILLE-LEROUX, Solidarité des proscrits de 1871, de Paris.

DENAER, Chambre syndicale des ouvriers marbriers, de Paris.

DESCOMPS, Chambre syndicale des ouvriers cordiers, de Tonneins (Lot-et-Garonne).

DREVET, Cercle des ouvriers socialistes du vingtième arrondissement de Paris.

DULCHÉ, Association ouvrière de l'horlogerie, de Besançon.

FABRE, Commission exécutive des travailleurs, de Marseille.

FAISANT, Chambre syndicale des ouvriers du cartonnage en fantaisie, de Paris.

FERRANT, Chambre syndicale des galochiers, de Paris.

FINANCE, Chambre syndicale des peintres en bâtiment. de Paris.

GAISNÉ, Chambre syndicale des ouvriers de la partie textile d'Angers ; Chambre syndicale des ouvriers carriers-ardoisiers d'Angers-Trélazé ; Chambre syndicale des ouvriers en parapluies d'Angers ; Chambre syndicale des ouvriers cordonniers, d'Angers ; Cercle d'études sociales d'Angers.

GAILLARD, Cercle national de Beaucaire.

GAUCHIN, Cercle d'études sociales de Boulogne-sur-Seine.

GENTY, Groupe ouvrier du XVIIIe arrondissement, de Paris.

GUEDON, Cercle d'études sociales du VIIe arrondissement de Paris.

GUINEL, Chambre syndicale des sculpteurs, de Paris.

GRAHN, Union des mécaniciens de la Seine (19e section).

HARRY, Cercle des Egalitaires du IIIe arrondissement, de Paris.

HÉRIVAUX, Fédération des ouvriers du bâtiment de France.

HUBERT, Cercle du IXᵉ arrondissement, de Paris.

HUCHARD, Chambre syndicale des chaisiers, de Paris.

JEUGER, Chambre syndicale des facteurs d'orgues et pianos, de Paris.

JOFFRIN (Jules), Cercle des Grandes-Carrières, de Paris ; Chambre syndicale métallurgique de Troyes ; Chambre syndicale des bonnetiers de Corbie ; Chambre syndicale de Villers-Bretonneux ; Groupe des Travailleurs de la Somme.

JUDENNE, Chambre syndicale des bronziers, de Paris.

LABUSQUIÈRE (John), Groupes fédérés de Brest.

LAMOTHE, Chambre syndicale des ouvriers du meuble sculpté, de Paris.

LAVAUD, Groupe socialiste du Xᵉ arrondissement, de Paris.

LEBRETON, Syndicat des ouvriers en décors, de Paris.

LEMONT, Chambre syndicale des poseurs de sonnettes, Paris.

LE ROY, Cercle des Prolétaires du Vᵉ arrondissement, de Paris.

MADDZZA, Chambre syndicale des chauffeurs et matelôts de Marseille.

MAROUCK (Victor), Cercle Travail et Progrès, de Roanne.

MARTELET, Société corporative des puisatiers-mineurs (Seine).

MATHIVA, Syndicat des ouvriers en décors, de Paris.

MONTANT, Union syndicale des coupeurs-tailleurs, de Paris.

MORIN, Chambre syndicale des sculpteurs, de Paris.

MOSSOT, Union fédérale des ouvriers tonneliers, de Paris.

MOUAZÉ, Chambre syndicale des boucheurs à l'émeri, de Paris.

MOULIN, Chambre syndicale des ébénistes, de Paris.

MULLER, Chambre syndicale des peintres en bâtiment, de Paris.

NEGRO, Chambre syndicale des bronziers, de Paris.

NIC, Chambre syndicale des tailleurs et scieurs de pierre, de Paris.

NOTTERMANN, Cercle des Egaux du XIᵉ arrondissement, de Paris.

PAILLOT, Union fédérative de l'Ouest.

PENET, Union des Exploités, de Puteaux.

PHILIPPE, Union syndicale des ouvriers d'Alger ; Union syndicale ouvrière de Mustapha (Algérie) ; Chambre syndicale ouvrière meulière de la Ferté-sous-Jouarre.

PLANTEAU, Cercle l'Avant-Garde, de Limoges.

PIGNON, Cercle des socialistes rationnels, de Paris.

PIOT, Cercle du XIIᵉ arrondissement, de Paris.

POUPONNEAU, Cercle de la Fraternité des ouvriers cuisiniers, de Paris.

APIN, Chambre syndicale des tailleurs et scieurs de pierre, de Paris.

AYMOND, Chambre syndicale des menuisiers en bâtiment, de Paris.

REBINS, Les Opprimés, de Saint-Germain-en-Laye ; L'Anti-religieuse, de Saint-Germain-en-Laye.

RÉGNIER, La Solidarité, cercle de la Nièvre, de Paris

RIBANIER, Chambre syndicale des ferblantiers, de Paris.

ROGER (citoyenne), Union des femmes socialistes de
Paris.

ROUANET, Cercle de la fédération socialiste, de Narbonne.

ROULET, Union syndicale des maçons, de Paris.

ROUSTAN, Chambre syndicale des chauffeurs et matelôts de Marseille.

SALLES, Groupe agricole du canton de Narbonne.

SPÉDER, Chambre syndicale des facteurs d'orgues et
pianos, de Paris.

SAINT-DOMINGUE, Cercle des prolétaires positivistes, de
Paris.

STAUFFER, Union des mécaniciens   de
tion).

TERRIER, Chambre syndicale des robinettiers, de Paris.

TRANIER (Louis), Union des syndicats ouvriers de Toulouse.

TRESTAUD, Commission exécutive des Travailleurs, de
Marseille.

VAIDY (Jules), Groupe de la Paix, d'Amiens.

VATTON, Commission exécutive des Travailleurs, de Marseille.

RÉSOLUTIONS

prises par le VIIe Congrès National

tenu à Paris du 30 Septembre au 7 Octobre 1883

~~~~~~~~~~~~

I. Questions de doctrine.

Des migrations au point de vue de l'industrie, du commerce et de l'agriculture en France, et des consequences qui en résultent pour les travailleurs français.

Attendu que l'idée de patrie est une idée bourgeoise et surannée,

Que loin d'être des adversaires naturels, les travailleurs des différents pays ont les mêmes intérêts et sont en lutte pour les défendre contre leurs exploiteurs internationaux,

3
~~~~~~~~~~~~

Le septième Congrès vote : 1° contre toute entrave apportée à la libre circulation des ouvriers étrangers; 2° pour que la loi contre les étrangers soit rapportée ; pour toute mesure tendant à rapprocher les travailleurs des divers pays et plus spécialement pour des mesures propres à faire rapporter les lois qui interdisent la réorganisation de l'Association internationale des travailleurs,

Mais attendu aussi que les migrations en France des ouvriers étrangers sont un moyen employé par les patrons pour obtenir la baisse du taux des salaires nationaux ;

Le Congrès vote aussi : 1° pour toute mesure ayant pour but de développer le travailleur français, comme musées industriels, voyages, séjour à l'étranger, afin qu'il puisse tirer le meilleur parti possible de sa seule propriété actuelle, son cerveau et ses muscles ; — 2° pour des mesures législatives, interdisant aux employeurs, sous peine d'amende et même de prison, de faire travailler un ouvrier français ou étranger à d'autres conditions que celles stipulées par les sociétés corporatives ouvrières.

Attendu enfin que dans beaucoup de branches de l'industrie les patrons pourront tourner la loi en faisant entrer la main-d'œuvre incorporée dans la marchandise,

Que les droits de douanes se répercutent souvent sur le prix des objets de consommation.

Le Congrès se prononce pour l'organisation d'ateliers publics dans les branches diverses du travail humain.

De l'organisation et du fonctionnement des services pu-
blics dans la société actuelle et dans la société
future.

Considérant,

Que toute forme sociale future est contenue en germe
dans la société présente ;

Que toute transformation de l'Etat n'est que la con-
version en lois et en institutions des principes et des
organismes des classes en lutte pour arriver à la con-
quête du pouvoir;

Que le prolétariat organisé a créé dans le monde
entier par ses groupes de quartiers, de communes, de
régions, par ses sociétés ouvrières et leurs fédérations,
une organisation sociale propre, différente de celle de
la société bourgeoise actuelle ;

Que ce prolétariat formé partout en partis politiques
distincts conquerra certainement un jour tous les pou-
voirs politiques et administratifs ;

Le Congrès pense que le système parlementaire actuel disparaîtra avec la domination politique et économique de la classe dont il est l'expression et que la
forme sociale future sortira de nos sociétés ouvrières
devenues les principaux rouages des services publics,
l'administration nationale et internationale étant for-
mée tout simplement par les Comités de ces sociétés
chaque jour perfectionnés dans les différents Congrès
du parti.

II. Questions de tactique.

De la nécessité de la réduction des heures de travail, de la suppression du marchandage.

1° Fixation légale de la journée de travail à huit heures avec conditions de travail, salaire, hygiène, règlement, arrêtées par les chambres syndicales et sociétés corporatives ouvrières. Comme sanction, loi édictant des pénalités contre les employeurs convaincus d'avoir fait ou tenté de faire travailler plus de huit heures et application de cette loi confiée aux conseils des prud'hommes.

2° Repos d'un jour par semaine.

3° Suppression du travail aux pièces dans les limites rendues possibles par l'état actuel de l'industrie.

4° Suppression du marchandage. Le Congrès charge le Comité national de l'organisation d'un Congrès corporatif des corporations souffrant du marchandage, et d'une campagne de meetings ayant pour but la suppression de cette exploitation de l'ouvrier par l'ouvrier.

5° Prix double des heures supplémentaires.

6° Etablissement d'un conseil de surveillance nommé par les groupes corporatifs et chambres syndicales.

De l'organisation du Parti et de son développement au point de vue révolutionnaire.

Attendu :

Que les révolutions ne dépendent pas de la volonté des individus ou des partis, mais sont des résultantes de circonstances industrielles ou politiques considérables ;

Qu'il ne faut pas confondre avec les révolutions qui fécondent, les insurrections inutiles et les émeutes impuissantes qui permettent au pouvoir de classe de la bourgeoisie de décimer le prolétariat;

Attendu cependant :

Qu'il est évident que, sous le commandement bourgeois, la société actuelle est conduite à une révolution plus terrible que celles de 1789, de 1793, de Juin 1848, de Mars 1871,

Le VII° Congrès national déclare :

1° Qu'il n'y a pas lieu d'organiser par des mesures publiques les forces révolutionnaires du parti ;

2° Mais qu'il donne mandat à son Comité national de fixer son attention sur la marche des événements et, le cas échéant, d'aviser.

*Proposition de manifestation avec le drapeau rouge
au Père-Lachaise.*

Le Congrès,

Considérant que le Congrès national n'a pas mandat d'engager le Parti dans une manifestation quelconque, passe à l'ordre du jour.

Entrée dans les Sociétés corporatives,

Les membres du parti seront tenus de se faire inscrire à leur Chambre syndicale ou Groupe corporatif respectif, et de provoquer la création de Chambres syndicales ou Groupes corporatifs là où il n'en existe pas encore.

Propositions de conciliation.

Le VIIe Congrès national,

Considérant que la décision prise quant à la question de discipline par le Congrès de Saint-Etienne ne vise aucun Groupe de la région de l'Est, mais seulement six personnalités encore en révolte contre le parti ;

Que, par suite, s'il y a dans l'Est des groupes dissidents, ces groupes peuvent reprendre leur place dans le Parti qu'ils doivent mettre au-dessus des questions de personnes,

Invite les groupes dissidents de l'Est à revenir au

Parti, maintient la décision du sixième Congrès national et passe à l'ordre du jour.

Le VIIe Congrès national s'inspirant de la
nécessité qui s'impose à tous les travailleurs, quelles
que soient leurs conceptions particulières au point de
vue de la solution à donner aux questions politiques
et sociales et au point de vue de la tactique à suivre,
de combattre la seule classe possédante et diri-
geante,

Invite tous les groupes à quelque école ou à quelque
Parti qu'ils appartiennent, à observer entre eux une
neutralité absolue et à diriger toutes leurs luttes
contre tous les partis bourgeois sans distinction de
nuance.

III. — Questions d'organisation administrative du parti.

Règlement.

L'art. 14 ancien est remplacé par le suivant :

Art. 14. — Le Comité national est nommé au
scrutin de liste. Il se compose de vingt membres.

Chaque année, dans les deux mois qui suivent le
Congrès national, chaque fédération régionale envoie
une liste de vingt candidats. Tout citoyen porté sur
les listes de quatre fédérations est élu. Au second
tour de scrutin la majorité relative suffit.

La durée du mandat est fixée à un an,

En cas de vacances dans le comité, le remplacement des membres n'aura lieu que lorsque le nombre de cinq vacances sera atteint. L'élection se fera comme il est dit précédemment.

Sauf les cas de force majeure le mandat de membre du Comité est obligatoire pour les membres qui seront élus. En cas de refus de leur part, le Comité fera publier un vote de blâme à leur adresse dans le journal officiel du parti.

L'article 19 est ainsi modifié :

Art. 19. — Pour permettre au Comité national de remplir son mandat, le parti alimente sa caisse au moyen de cotisations.

La cotisation de chaque groupe du parti, en ce qui concerne la caisse du Comité national, est fixée à 1 franc par groupe et par mois.

Le Comité fédéral dans chaque région centralise les fonds et les transmet au Comité national.

Transitoirement, dans les régions où il n'existe pas de Comité fédéral, chaque groupe transmet ses cotisations directement au Comité national.

L'article 21, qui interdisait d'élire les élus du parti membres du Comité national, est rapporté.

Question du titre et des considérants

(1re RÉSOLUTION)

Le VIIe Congrès national donne aux régions l'autonomie du sous-titre et du programme, et décide qu'un titre général basé sur *la lutte des classes* sera choisi.

(2ᵉ RÉSOLUTION)

Considérant,

Qu'il est urgent, pour rendre féconde la Révolution sociale prochaine, de réunir en un seul et puissant faisceau la grande armée du travail ;

Que, pour atteindre ce but, il est nécessaire de grouper en face et contre les nuances diverses des partis bourgeois, non pas un parti contenant les ouvriers professant telle doctrine ou telle tactique particulières, mais un large *parti de classe* contenant sans distinction d'écoles tous les travailleurs en lutte contre leurs exploiteurs ;

Considérant,

Que par la proposition acceptée par le Congrès dans la séance du mercredi soir 3 octobre, chaque région garde la liberté de choisir son sous-titre et peut, par conséquent, ou garder le titre actuel de Parti ouvrier socialiste révolutionnaire français ou prendre tel autre titre qui lui conviendra ;

Le VIIᵉ Congrès national déclare que le titre général et obligatoire du Parti basé sur le fait reconnu par tous les ouvriers de la lutte des classes est celui voté par le Congrès de Marseille : FÉDÉRATION DES TRAVAILLEURS SOCIALISTES DE FRANCE.

Congrès de 1884

Le VIIᵉ Congrès décide :

1° Jamais un Congrès national ne sera tenu dans une région qui ne sera pas régulièrement consituée ;

2° Le Congrès national de 1884 (VIIIe Congrès national) se réunira à Rennes, région de l'Ouest, dans le courant du mois de septembre.

Caisse d'assistance en faveur des familles des militants adhérents au Parti constitué en vertu des Congrès nationaux et régionaux

Le Congrès adopte en principe la création d'une caisse d'assistance, et renvoie le projet à l'étude des fédérations qui en transmettront le résultat au Comité national dans le délai de deux mois.

IV. — Question de discipline.

Attendu que dans la campagne législative de Narbonne, le citoyen Fournière a failli à la discipline du parti ;

Attendu que dans cette même campagne, le citoyen Rouanet s'est fait son complice ;

Le Congrès vote un blâme énergique aux citoyens Fournière et Rouanet.

V. — Conférence internationale.

Le VIIe Congrès,

Entendu le rapport du Comité national lui proposant une conférence entre les Trades-Unions, le parti ouvrier socialiste italien, les ouvriers socialistes espagnols, le parti ouvrier socialiste révolutionnaire français pour traiter : 1° La question d'une législation internationale du travail; 2° La réglementation du travail des ouvriers étrangers; 3° Les moyens de faire rapporter les lois qui s'opposent dans les divers pays à l'établissement d'une entente permanente entre les travailleurs,

Entendu que ce projet a été déjà approuvé par le Congrès des Trades-Unions tenu à Nottingham,

Attendu que cette conférence sera le prélude d'un Congrès universel où seront invités les partis ouvriers des divers pays,

Décide que le Comité national a le mandat d'organiser cette conférence pour le 29 octobre 1883 ; qu'elle aura lieu à Paris ; que la délégation française sera ainsi composée : trois délégués du Comité national, douze délégués nommés collectivement par le Congrès, un délégué pour chacune des Chambres syndicales ou Sociétés corporatives adhérentes au Parti ou en relations amicales avec lui.

Membres de la délégation collective du Congrès à la Conférence internationale

1. JOFFRIN, mécanicien.
2. ALLEMANE J., typographe.
3. CHABERT, graveur.
4. AVELINE, ciseleur.
5. BROUSSE, publiciste.
6. RIBANIER, ferblantier.
7. BALIN, peintre en bâtiment.

8. VAIDY, employé de commerce.
9. MAROUCK, publiciste.
10. BLONDEAU, charron.
11. LAVAUD, céramiste.
12. RAYMOND, menuisier en bâtiment.

VI. — Résolutions additionnelles

Le Congrès, après avoir entendu les revendications du délégué des matelots-chauffeurs de Marseille, déclare appuyer énergiquement la demande d'abrogation pure et simple de la loi de 1852.

Le Congrès se prononce pour l'amnistie pleine et entière des détenus politiques.

Considérant qu'il faut une sanction aux décisions prises par les Congrès ouvriers nationaux, notamment sur les questions économiques,

Considérant qu'au point de vue de la propagande il importe d'amener la masse des travailleurs au Parti, en leur montrant que les républicains radicaux eux-mêmes ne veulent rien faire pour les travailleurs,

Le Congrès décide qu'il mandatera son Comité national pour déposer à l'issue de chaque Congrès, non comme un vœu ou demande platonique mais comme ultimatum les désiderata exprimés par les travailleurs réunis en Congrès.

RÉGLEMENT DU PARTI

TITRE 1. — *Nom du Parti.*

Art. 1. — Le parti, fondé par les congrès nationaux de France (Paris, Lyon, Marseille, le Havre, Reims, Saint-Etienne, Paris) a, pour nom général, le titre basé sur *la lutte des classes* et voté au Congrès de Marseille : *Fédération des Travailleurs Socialistes de France.*

Chaque région conserve la liberté de choisir son sous titre et son programme.

TITRE II. — *Conditions d'admission dans le Parti.*

Art. 2. — Pour les citoyennes et citoyens et pour les groupes, la condition d'admission dans le parti est une adhésion formelle au principe de la lutte des classes et au règlement du Parti.

Art. 3. — Tout membre du Parti doit adhérer

à un groupe de sa localité, ce groupe aux fédérations locales et régionales, et celles-ci au Parti.

Cependant, lorsqu'il n'existe dans une localité aucun groupe, l'habitant de cette localité qui voudrait adhérer au Parti peut le faire individuellement ; toutefois, cette dispense est temporaire, et les membres du Parti devront employer tous leurs efforts pour constituer un groupe.

TITRE III. — *Organisation du Parti.*

Art. 4. — Le Parti est formé de groupes et de fédérations de groupes. Il est divisé territorialement en six régions fédérales ouvrières : région du Centre, du Nord, du Midi, de l'Est, de l'Ouest, de l'Algérie ou des Colonies.

Art. 5. — Chaque groupe conserve sa pleine liberté d'action et d'organisation, sous la réserve de se conformer au titre général du Parti, au règlement du Parti et de sa région.

Art. 6. — Chaque fédération régionale ouvrière reste toujours *autonome* pour ses affaires privées et ses moyens d'action locaux.

Art. 7. — Les groupes corporatifs, selon qu'ils sont fédérés dans la ville, dans la région, dans la nation, adhérent aux fédérations, locales, régionales ou à l'ensemble même du Parti. Mais, en cas de grèves, d'élections, etc., les membres de ces groupes devront faire cause commune avec leurs frères de la localité, de la région ou de la circonscription.

TITRE IV. — *Administration du Parti.*

ART. 8. — Le Parti a sa ligne générale de conduite et son administration fixées par les Congrès nationaux et par les six régions fédérales ouvrières.

Toutes les résolutions des Congrès régionaux et nationaux qui n'auraient pas un caractère d'urgence, devront, dans le délai d'un mois après la tenue du Congrès, être communiquées officiellement à tous les groupes et conseils du Parti. Si dans le délai de deux mois après cette communication, la majorité des groupes ne faisait aucune objection, les résolutions auraient force de loi.

ART. 9. — Le Comité national du Parti est chargé, sous le contrôle des six régions fédérales ouvrières, de faire exécuter les décisions du Parti.

TITRE V. — *Congrès nationaux.*

ART. 10. — Le Congrès national se réunit chaque année, dans la ville désignée par le Congrès national précédent.

Un Congrès national ne se réunira jamais dans une région qui ne sera pas régulièrement constituée.

(Il est bien entendu qu'en cas de force majeure e dans le cas où il y aurait impossibilité de tenir le

Congrès dans la ville désignée, le Parti, représenté par ses régions fédérales, pourra en changer le lieu.)

ART. 11. — Le Congrès national est constitué par la réunion des délégués des groupes, fédérations territoriales et corporatives adhérents au Parti et de tous les groupes invités par le Parti.

Chaque groupe doit avoir au moins quinze membres. Jusqu'à deux cent cinquante membres, il a droit à un délégué ; au-dessus de deux cent cinquante membres, il a droit à deux délégués par fraction de deux cent cinquante membres.

ART. 12. — Les votes dans les Congrès nationaux ont lieu par groupe. Un délégué ne peut représenter plus de cinq groupes.

TITRE VI. — *Comité national. — Comités locaux et régionaux.*

ART. 13. — L'organisation des Comités locaux et régionaux est laissée à l'autonomie des groupes locaux et régionaux.

ART. 14. — Le Comité national est nommé au scrutin de liste. Il se composera de vingt membres.

Chaque année, dans les deux mois qui suivront la tenue du Congrès national, chaque fédération régionale envoie une liste de vingt candidats. Tout candidat porté sur les listes de quatre fédérations est élu.

Au second tour de scrutin la majorité relative suffit.

La durée du mandat est fixée à un an.

En cas de vacances dans le Comité, le remplacement des membres absents n'aura lieu que lorsque le nombre de cinq sera atteint. L'élection aura lieu comme il est dit précédemment.

Sauf cas de force majeure, le mandat de membre du Comité est obligatoire pour les membres qui seront élus. En cas de refus de leur part, le Comité fera publier un vote de blâme à leur adresse dans le journal officiel du Parti.

Art. 15. — Le Comité national ne pourra entraver, sous aucune forme, les rapports des fédérations et des groupes.

Art. 16. — Les conditions de la lutte contre la bourgeoisie, le nombre de socialistes de nuances diverses qui vivent dans la capitale, qui facilite le choix des délégués pour celles des régions qui ne peuvent subvenir aux frais d'une délégation permanente envoyée par elles, font une nécessité de choisir Paris comme siège ordinaire du Comité national. Cependant un vote de la majorité des régions pourra toujours transporter ce siège dans une ville quelconque des cinq autres régions fédérales.

Art. 17. — Le mandat du Comité national est limité comme suit :

A. — Exécution des décisions prises par les Congrès nationaux et la majorité des régions fédérales ouvrières.

B. — Communications de tous genres : correspondance — dans le Parti — avec les régions fédérales ouvrières ; — hors du Parti — avec tous les groupes socialistes nationaux ou étrangers, constitués en vue de l'abolition du salariat.

C. — Statistique générale du Parti.

D. — Publication dans le *Prolétaire* d'un *bulletin officiel* limité aux actes du Parti, comprenant surtout les séances détaillées du Comité national et des fédérations régionales.

E. — Rôle d'arbitre entre les groupes ou les fédérations qui demanderaient son arbitrage.

F. — Droit de faire des propositions aux fédérations, d'étudier celles qui lui seront soumises, de publier le résultat de son étude, mais incapacité absolue de prendre des décisions ayant force de loi.

G. — Action de propagande politique et économique ; établissement d'une caisse à cet effet.

H. — Organisation de conférences dans toute la France et les colonies.

Art. 18. — Le Comité national rendra compte de son mandat à la tenue de chaque Congrès national.

Art. 19. — Pour permettre au Comité national de remplir son mandat, le Parti alimentera sa caisse au moyen de cotisations.

La cotisation est fixée à 1 franc par groupe et par mois.

Le Comité fédéral, dans chaque région, centralise les fonds et les transmet au Comité national. Dans les régions où il n'existe pas de Comité fédéral, chaque groupe transmet ses cotisations directement au Comité national.

Art. 20. — En attendant que le Parti ouvrier socialiste français ait les moyens de fonder un organe dirigé par lui, le journal le *Prolétaire* est reconnu comme l'organe officiel du Parti ouvrier, à la condition pour la Société l'Union des Travailleurs d'accepter un délégué du Comité national pour assurer la bonne publication des documents officiels du Parti.

Art. 21. — Les députés, conseillers municipaux ou conseillers prud'hommes du Parti seront mandatés chacun par un Comité électoral, d'accord avec le Comité fédéral de leur région et d'accord aussi avec le Comité national.

Art. 22. — Les conseillers municipaux non rétribués seront indemnisés, s'il y a lieu, par l'ensemble du Parti.

PROPAGANDE SOCIALISTE

Librairie du " PROLÉTAIRE "

47, Rue de Cléry, 47

F. ENGELS. — **Socialisme utopique et socialisme scientifique**. . . . . » 50

A. GELY. — **Paria parmi les parias**. . . . . » 35

Adhémard LECLER. — **Prêtre célibataire et criminel**. . . . . » 40

— **La Femme**. . . . . » 25

— **La Quintessence du collectivisme**. . . » 15

A. LAVY. — **La Représentation du Prolétariat devant le Parlement**. . . . . . . » 20

A. LE ROY. — **Réformes sociales urgentes.** » 50

— **Chant des Prolétaires, avec musique. . .** » 50

A. LE ROY ET SOUETRE. — **Fusillé deux fois, la Commune, etc.** . . . . » 30

B. MALON. — **Histoire du Socialisme**, en livraisons illustrées à 10 c. ; la Série, 50 c. La première partie (*Histoire du Socialisme depuis les temps les plus reculés jusqu'à la Révolution française*) est parue, prix : 5 fr., ou par séries de 50 c. — La deuxième partie (*Histoire du Socialisme en France depuis la Révolution jusqu'à la Commune*) est en cours de publication, à raison de deux livraisons par semaine, 30 livraisons ou 6 séries de cette seconde partie, sont déjà parues (31 juillet 1882).

— **Le Nouveau Parti**, 1er volume (1881). *Les principes du Parti ouvrier ;* 2e volume (1882), *La politique du Parti ouvrier.* — Prix de chaque volume. 1 50

— **Capital et Travail** (Trad. de Lassalle) . . 2 »

— **Quintessence du Socialisme** (trad. de Schaeffle). . . . . 1 »

PARIS. — Imprimerie E. PERREAU, 58, rue Greneta.

162

LE PROLÉTAIRE

Organe officiel du Parti Ouvrier Socialiste Révolutionnaire Français

PARAISSANT LE SAMEDI

LE NUMÉRO : 10 CENTIMES

ABONNEMENTS

DEUX MOIS	1 fr.	SIX MOIS	3 fr.
QUATRE MOIS	2 »	UN AN	6 »

BUREAUX : 47, Rue de Cléry, 47

Paris. — Imprimerie de E. PERREAU, 58, Rue Greneta.